LESEN SIE DIESEN LEITFADEN UND SIE WERDEN FOLGENDES ERFAHREN:

1. Die 3 häufigsten Vorgehensweisen, wie IT-Supportunternehmen ihre Dienstleistungen in Rechnung stellen, zusammen mit den Vor- und Nachteilen der einzelnen Ansätze.

2. Ein gängiges Abrechnungsmodell, das beim Kauf von IT-Dienstleistungen das gesamte Risiko auf Sie als Kunde überträgt; Sie erfahren, worum es sich dabei handelt und warum Sie es vermeiden müssen, sich darauf einzulassen.

3. Ausschlüsse, versteckte Gebühren und andere "Gotcha" -Klauseln, die einige IT-Unternehmen in ihre Verträge aufnehmen und auf die Sie achten sollten, bevor Sie einen Vertrag unterschreiben.

4. Wie Sie sichergehen können, dass Sie genau wissen, was Sie bekommen, um Enttäuschungen, Frustration und zusätzliche Kosten zu vermeiden, die Sie nicht erwartet haben.

INHALTSVERZEICHNIS

Über den Autor .... Seite 3

Fragen Sie niemals ein IT-Unternehmen, "Was berechnen Sie für Ihre Dienste?" – Fragen Sie besser: "Was bekomme ich für mein Geld?" .... Seite 6

Vergleichen Sie Äpfel mit Äpfeln: Die vorherrschenden IT-Service-Modelle erklärt .... Seite 10

Managed IT Services vs. Break-Fix: Was ist die bessere, kostengünstigere Option? .... Seite 14

Warum regelmäßige Überwachung und Wartung für heutige Computernetzwerke kritisch ist .... Seite 16

Sollten Sie einfach einen Vollzeit-IT-Manager einstellen? .... Seite 19

Warum Break-Fix vollständig in der Gunst des Beraters liegt und nicht in Ihrer .... Seite 21

Was Sie bei einem Managed IT Service beachten sollten und was Sie erwarten dürfen, zu zahlen .... Seite 24

Noch Fragen? .... Seite 31

IT-Service Einkaufsführer

ÜBER DEN AUTOR

Jens Hagel, Jahrgang 1975, ist Gründer und Geschäftsführer von hagel-IT.

hagel IT-Services GmbH wurde 2004 gegründet, um anderen Unternehmen ein verlässlicher und innovativer IT-Partner zu sein und beschäftigt derzeit 34 Mitarbeiter.

Im Laufe der Zeit haben wir vielen Unternehmen geholfen, ihre technologischen Sorgen los zu werden und sich dadurch auf das Wachstum ihres Unternehmens und die Verwirklichung ihrer Ziele zu kümmern.

Neben einem großen Interesse für moderne IT ist er Vater und leidenschaftlicher Kitesurfer. Schon immer hilft er gerne anderen Menschen – und seinen Kunden – dabei, sich weiter zu entwickeln.

hagel-IT ist ein erfahrener Managed Service Provider. Von unseren Standorten in Hamburg, Bremen, Kiel und Lübeck bieten wir Dienstleistungen im Bereich der Informationstechnologie an.

In den letzten Jahren spielt hierbei natürlich auch die Cloud eine entscheidende Rolle, da immer mehr Kunden die Vorteile erkennen.

Im Tagesgeschäft setzen wir IT-Projekte jeglicher Art mit Fokus auf Microsoft Technologie für unsere Kunden um.

Anschließend übernehmen wir gerne die laufende Betreuung und stehen Ihren Mitarbeitern auf Wunsch 24x7 zur Verfügung. Und das alles zu festen Kosten.

Durch immer währende interne Schulungen sind wir technologisch jederzeit ganz weit vorne und beraten unsere Kunden erfolgreich auch bei modernsten IT-Techniken wie z.B. Office 365 und Azure Cloud Services.

FRAGEN SIE NIEMALS EIN IT-UNTERNEHMEN, "WAS BERECHNEN SIE FÜR IHRE DIENSTE?" – FRAGEN SIE BESSER: "WAS BEKOMME ICH FÜR MEIN GELD?"

Lieber Geschäftspartner,

wenn Sie Inhaber eines kleinen oder mittleren Unternehmens sind, das derzeit die IT-Unterstützung für Ihr Unternehmen ganz oder teilweise auslagern möchte, enthält dieser Bericht wichtige Informationen, die für Sie bei der Suche nach einer kompetenten Firma, der Sie vertrauen können, äußerst wertvoll sein werden.

Eine der häufigsten Fragen, die wir von neuen Interessenten erhalten, die unser Team anrufen, lautet: "Was kosten Ihre Dienstleistungen?

Da dies eine so häufige Frage ist - und eine sehr wichtige Frage, die es zu beantworten gilt - habe ich mich aus drei Gründen entschlossen, diesen Bericht zu schreiben:

1. Ich wollte einen einfachen Weg finden, diese Frage für die potentiellen Kunden, die an uns herantreten, zu beantworten und über die gängigsten Methoden der IT-Supportunternehmen zu informieren, ihre Dienstleistungen zu paketieren und zu bepreisen, zusammen mit den Vor- und Nachteilen der einzelnen Ansätze.

2. Ich wollte ein paar Branchengeheimnisse über IT- Serviceverträge und SLAs (Service Level Agreements) ans Licht bringen, über die fast kein Geschäftsinhaber nachdenkt, sie versteht oder nach denen er bei der Bewertung von IT-Dienstleistern zu fragen weiß. Dies soll Ihnen helfen, versteckte Gebühren und langfristige Verträge zu vermeiden, die zu Serviceleistungen unterhalb der von Ihnen benötigten Qualität führen.

3. Ich wollte den Geschäftsinhabern zeigen, wie sie das richtige IT-Dienstleistungsunternehmen für ihre spezifische Situation, ihr Budget und ihre Bedürfnisse auswählen können, basierend auf dem Wert, den das IT-Unternehmen liefern kann – nicht einfach nur auf dem Preis des Stundensatzes.

Letztendlich ist es mein Ziel, Ihnen dabei zu helfen, eine möglichst fundierte Entscheidung zu treffen, damit Sie am Ende mit jemandem zusammenarbeiten, der Ihnen hilft, Ihre Probleme zu lösen und das Gewünschte in einem Zeitrahmen, einer Art und Weise und einem Budget zu erreichen, die für Sie richtig sind.

Ich freue mich, wenn ich Ihnen helfen kann.

Jens Hagel

Jens Hagel, Geschäftsführer hagel IT-Services GmbH

VERGLEICHEN SIE ÄPFEL MIT ÄPFELN: DIE VORHERRSCHENDEN IT-SERVICE-MODELLE ERKLÄRT

Bevor Sie die Gebühren, Services und Leistungen eines IT-Supportunternehmens mit denen eines anderen vergleichen können, sollten Sie die drei vorherrschenden Servicemodelle verstehen, in die die meisten der Anbieter passen. Einige Unternehmen bieten eine Mischung an, während andere streng darauf achten, nur einen Serviceplan anzubieten.

Die vorherrschenden Servicemodelle sind:

Zeit und Materialien: In der Branche nennen wir dies "Break-Fix"-Services. Im Wesentlichen zahlen Sie einen vereinbarten Stundensatz für einen Techniker, der Ihr Problem behebt, wenn etwas kaputt geht. Bei diesem Modell können Sie möglicherweise einen Rabatt auf der Grundlage des Kaufs eines Stundenblocks aushandeln. Der Arbeitsumfang kann einfach nur die Lösung eines bestimmten Problems sein (z.B. das Entfernen eines Virus), oder er kann ein großes Projekt umfassen, wie z.b. ein Computernetzwerk-Upgrade oder einen Umzug, bei dem ein bestimmtes Ergebnis und Enddatum geklärt ist. Einige Unternehmen bieten auch Personalverstärkung und -vermittlung im Rahmen dieses Modells an.

Managed IT Services: Dies ist ein Modell, bei dem das IT-Dienstleistungsunternehmen die Rolle Ihrer "IT-Abteilung" übernimmt. Sie installieren und unterstützen nicht nur alle Geräte und PCs, die mit Ihren Servern verbunden sind, sondern bieten auch Managed IT Services: Dies ist ein Modell, bei dem das IT-Dienstleistungsunternehmen die Rolle Ihrer "IT-Abteilung" übernimmt. Sie installieren und unterstützen nicht nur alle Geräte und PCs, die mit Ihren Servern verbunden sind, sondern bieten auch Telefon- und Vor-Ort-Support, Antivirus, Sicherheit, Backup und eine Vielzahl anderer Dienste zur Überwachung und Wartung der Funktionsfähigkeit, Geschwindigkeit, Leistung und Sicherheit Ihres Computernetzwerks.

IT-Services von Softwareanbietern: Viele Softwareunternehmen bieten ihren Kunden gegen eine zusätzliche Gebühr IT-Support in Form eines Helpdesks oder eines Remote-Supports an.

Dabei handelt es sich jedoch in der Regel um eingeschränkte Dienste, die sich auf die Fehlerbehebung ihrer spezifischen Anwendung und NICHT auf Ihr gesamtes Computernetzwerk und alle damit verbundenen Anwendungen und Geräte beschränken. Wenn Ihr Problem außerhalb ihrer spezifischen
Software oder des Servers, auf dem es gehostet wird, liegt, können sie Ihnen nicht helfen und verweisen Sie oft an "Ihre IT-Abteilung".

Obwohl es oft eine gute Idee ist, ein Supportpaket für eine wichtige Softwareanwendung, die Sie für Ihr Unternehmen verwenden, zu kaufen, reicht dies nicht aus, um die vollständigen IT-Dienstleistungen und den Support zu erhalten, den die meisten Unternehmen benötigen, um am Ball zu bleiben.

Wenn Sie Ihren IT-Support auslagern möchten, müssen Sie wahrscheinlich zwischen zwei Servicemodellen wählen: den Managed IT Services und den Break-Fix-Modellen. Lassen Sie uns daher die Vor- und Nachteile dieser beiden Optionen und dann die typische Gebührenstruktur für beide Modelle untersuchen.

MANAGED IT SERVICES VS. BREAK-FIX: WAS IST DIE BESSERE, KOSTENGÜNSTIGERE OPTION?

In der IT ist es weitläufig bekannt, dass die Systeme laufend gepflegt werden müssen, um optimal zu funktionieren und nicht auszufallen. Genau das macht der Managed Services Anbieter.

Ich bin sicher, dass das die kosteneffektivste und klügste Option der IT-Betreuung ist. Der einzige Rahmen, in dem ich einen "Zeit und Material"- (Break-Fix) - Ansatz empfehlen würde, ist,

wenn Sie bereits eine kompetente IT-Person oder ein kompetentes Team haben, das Ihr Computernetzwerk proaktiv verwaltet, und einfach nur ein bestimmtes IT-Projekt abschließen möchten, für dessen Umsetzung Ihr aktuelles internes IT-Team nicht die Zeit oder das Fachwissen hat. Wie z.B. ein Netzwerk-Upgrade, oder Einrichtung neuer Arbeitsplätze.

Außerhalb dieses spezifischen Szenarios halte ich den Break-Fix-Ansatz für keine gute Idee für allgemeinen IT-Support, und zwar aus einem sehr wichtigen, grundlegenden Grund: Sie zahlen immer wieder Geld für IT-Leistungen, die bei einer laufenden Wartung durch den Managed-Services-Dienstleister nicht angefallen wären. Denn er tut permanent etwas, dass Ihre IT eben nicht ausfällt.

Und - ist das nicht auch Ihr Ziel? Eine IT, die immer funktioniert?

WARUM REGELMÄßIGE ÜBERWACHUNG UND WARTUNG FÜR HEUTIGE COMPUTERNETZWERKE KRITISCH IST

Tatsache ist, dass Computernetzwerke zwingend eine permanente Wartung und Überwachung benötigen, um sicher zu bleiben. Die ständig wachsende Abhängigkeit, die wir von IT-Systemen und den darin gespeicherten Daten haben - ganz zu schweigen von der Art von Daten, die wir jetzt digital speichern - hat sehr intelligente und ausgeklügelte Cyberkriminalitätsorganisationen hervorgebracht, die rund um die Uhr arbeiten, um eines zu tun: Ihre Netzwerke für illegale Aktivitäten zu kompromittieren.

In den meisten Fällen ist es ihre Absicht, auf Finanzinformationen und Passwörter zuzugreifen, um Sie (oder Ihre Kunden) auszurauben, falsche Identitäten für Kreditkartenbetrug zu erstellen, usw. In anderen Fällen wollen sie vielleicht Ihr Computernetzwerk nutzen, um illegale Spam-Nachrichten zu versenden, raubkopierte Software zu hosten, Viren zu verbreiten, usw. Und manche tun es nur aus Spaß", um Computersysteme funktionsunfähig zu machen. Diese Kriminellen arbeiten ununterbrochen in Teams und finden und erfinden ständig neue Wege, um Ihre Antiviren-Software und Firewalls zu umgehen; deshalb müssen Sie immer wachsam sein, um ihre Angriffe abzuwehren.

Natürlich werden dabei andere, häufig auftretende "Katastrophen" nicht berücksichtigt, wie z. B. abtrünnige Mitarbeiter, verlorene Geräte, Hardwareausfälle (die der Grund für Datenverlust Nummer 1 sind), Feuer und Naturkatastrophen und eine Vielzahl anderer Probleme, die Ihre IT-Infrastruktur und die darin gespeicherten Daten unterbrechen oder gänzlich zerstören können. Hinzu kommt die Einhaltung gesetzlicher Vorschriften für jedes Unternehmen, das Kreditkarten- oder Finanzdaten, medizinische Unterlagen und sogar Kontaktinformationen von Kunden, wie z. B. E-Mail-Adressen, hostet oder berührt.

Die Vermeidung dieser Probleme und die Aufrechterhaltung des Betriebs Ihrer Systeme (worum es bei Managed IT Services geht) ist weitaus kostengünstiger und weniger schädlich für Ihr Unternehmen, als zu warten, bis eines dieser Dinge passiert, und dann für IT-Notfalldienste zu bezahlen, um Ihre Systeme wieder funktionsfähig zu machen (Break-Fix).

SOLLTEN SIE EINFACH EINEN VOLLZEIT-IT-MANAGER EINSTELLEN?

In den meisten Fällen ist es für Unternehmen mit weniger als 50 Mitarbeitern nicht kosteneffektiv, einen Vollzeit-IT-Mitarbeiter einzustellen, da Sie diese Funktion Ihres Unternehmens weitaus kostengünstiger und mit viel weniger Arbeitsaufwand auslagern können.

Denken Sie dabei bitte auch an Kosten, die Sie für den Arbeitsplatz haben. Und bedenken Sie, dass IT- Administratoren ständige Weiterbildung brauchen. Denken Sie auch an Krankheit und Urlaub. Reicht da wirklich ein Mitarbeiter?

Sie möchten dennoch einen Fachmann für die grundlegende Wartung einstellen - genauso wie Sie einen Anwalt für Ihre rechtlichen Angelegenheiten oder einen Buchhalter für die Vorbereitung Ihrer Steuern einstellen würden?

Wenn Sie die Kosten für Ihre Zeit und den Faktor der Mitarbeiterproduktivität wirklich erfassen, dann ist das Managed IT Services-Modell im Laufe der Zeit erheblich günstiger als das Break-Fix-Modell.

WARUM BREAK-FIX VOLLSTÄNDIG IN DER GUNST DES BERATERS LIEGT UND NICHT IN IHRER

Bei einem **Break-Fix-Modell** besteht ein grundlegender Interessenkonflikt zwischen Ihnen und Ihrem IT-Unternehmen. Das IT-Dienstleistungsunternehmen hat keinen Anreiz, Ihr Computernetzwerk zu stabilisieren oder Probleme schnell zu lösen, weil es stundenweise bezahlt wird; daher wird das Risiko unvorhergesehener Umstände, Ineffizienz der Lernkurve und völliger Inkompetenz auf Sie, den Kunden, verlagert.

Im Wesentlichen gilt: **Je mehr Probleme Sie haben, desto mehr profitiert der IT-Dienstleister**, was genau das ist, was Sie NICHT wollen.

Bei diesem Modell kann sich der IT-Berater die Freiheit nehmen, einen jüngeren (schlechter bezahlten) Techniker mit der Bearbeitung Ihres Problems zu beauftragen, der zwei- bis dreimal so lange braucht, um ein Problem zu lösen, das ein älterer (und teurerer) Techniker möglicherweise in einem Bruchteil der Zeit gelöst hat.

Es gibt keinen Anreiz, die Zeit dieses Technikers oder seine Effizienz richtig zu steuern, und es gibt allen Grund für ihn, das Projekt zu verlängern und mehr Probleme als Lösungen zu finden. Natürlich sollte der IT-Dienstleister, wenn er ethisch korrekt ist und Sie als Kunden behalten will, alles tun, um Ihre Probleme schnell und effizient zu lösen; das ist jedoch dennoch irgendwie so, als ob man einen Hund mit der Überwachung der Schinkensandwiches beauftragt. Keine gute Idee.

Außerdem schau es ein Managementproblem für Sie, den Kunden, der nun die Arbeitsstunden im Auge behalten muss, um sicherzustellen, dass Sie nicht zu viel berechnet bekommen; und da Sie oft keine Möglichkeit haben, wirklich zu wissen, ob sie die Stunden, die sie sagen, auch gearbeitet haben, schafft es eine Situation, in der Sie wirklich, wirklich in der Lage sein müssen, darauf vertrauen zu können, dass sie 100% ehrlich sind und ihre Stunden richtig aufschreiben.

Und schließlich macht es die Budgetierung von IT-Projekten und -Ausgaben zu einem Albtraum, da sie in einem Monat vielleicht bei Null liegen und im nächsten Monat bei Tausenden Euros.

WAS SIE BEI EINEM MANAGED IT SERVICE BEACHTEN SOLLTEN UND WAS SIE ERWARTEN DÜRFEN, ZU ZAHLEN

Wichtiger Hinweis: Die folgenden Preisangaben sind Branchendurchschnitte, die auf einer kürzlich durchgeführten Umfrage in der IT-Branche basieren, durchgeführt von der SYNAXON.

Bitte haben Sie Verständnis dafür, dass dies NICHT unser Preismodell widerspiegelt, denn ich möchte in diesem Ratgeber nicht mein Unternehmen in den Fokus stellen.

Wir stellen diese Informationen zur Verfügung, um Ihnen einen allgemeinen Überblick darüber zu geben, was die meisten IT-Dienstleistungsunternehmen berechnen, und um Ihnen zu helfen, die großen Unterschiede in den Serviceverträgen zu verstehen, die Sie vor der Unterzeichnung der gepunkteten Linie kennen müssen.

Stündliche Break-Fix Gebühren: IT-Dienstleistungsunternehmen, die Break-Fix-Services verkaufen, berechnen für einfache Services im Schnitt 86,91 EUR pro Stunde mit einem Minimum von einer Stunde. Komplexere Leistungen haben als Durchschnitt 109,08 EUR. Beides aus dem Synaxon Preisspiegel 2019. In den meisten Fällen gewähren sie Ihnen einen Rabatt von 5% bis zu 20% auf ihre Stundensätze, wenn Sie einen Stundenblock im Voraus kaufen und bezahlen.

Anfahrtskosten belaufen sich auf Durchschnittlich 1,17 EUR pro km.

Wenn sie ein Projekt anbieten, variieren die Honorare je nach dem Umfang der Arbeit.

Wenn Sie ein IT-Beratungsunternehmen für ein Projekt beauftragen, würde ich Ihnen vorschlagen, Folgendes zu verlangen:

1. Einen sehr detaillierten Arbeitsumfang, der festlegt, was "Erfolg" ist:
Vergewissern Sie sich, dass Sie Ihre Erwartungen an Leistung, Arbeitsablauf, Kosten, Sicherheit, Zugang usw. genau beschreiben. Je detaillierter Sie sein können, desto besser. Wenn Sie Ihre Erwartungen im Vorfeld detailliert angeben, können Sie später Fehlkommunikation und zusätzliche Gebühren vermeiden, um Ihnen das zu geben, was Sie wirklich wollten.

2. Ein festes Budget und ein fester Zeitrahmen für die Fertigstellung:
Wenn Sie sich im Vorfeld darauf einigen, werden sowohl Ihre als auch die Agenda des Beraters in Einklang gebracht. Seien Sie sehr vorsichtig mit losen Kostenvoranschlägen, die es dem Beratungsunternehmen erlauben, Ihnen

"unvorhergesehene" Umstände in Rechnung zu stellen.

Fazit: Es liegt in der Verantwortung Ihrer IT-Beratungsfirma, Ihre Situation genau einzuschätzen und ein Projekt auf der Basis ihrer Erfahrung anzubieten. Sie sollten nicht die Zeche dafür bezahlen müssen, dass ein Berater eine Arbeit unterschätzt oder nicht effizient genug arbeitet. Ein echter Profi weiß, wie man diese Eventualitäten berücksichtigt und entsprechend abrechnet.

Managed IT Services: Die meisten Unternehmen für Managed Services bieten Ihnen eine monatliche Gebühr an, die auf der Anzahl der Geräte basiert, die sie für Wartung, Backup und Support benötigen.

In Deutschland liegt diese Gebühr irgendwo in der Größenordnung von 50 EUR bis 250 EUR pro Server, 10 EUR bis 95 EUR pro Desktop und etwa 5 EUR pro Smartphone oder Mobilgerät. Je nach den enthaltenen Leistungen muss man sagen.

Wenn Sie einen Managed Services-Vertrag abschließen, sind hier einige Dinge, die enthalten sein sollten (lesen Sie unbedingt Ihren Vertrag, um dies zu bestätigen):

- Wöchentliche - wenn nicht tägliche - Anwendung von Sicherheitspatches für neue Bedrohungen

- Antiviren-Updates und Überwachung

- Firewall-Updates und Überwachung

- Backup-Überwachung und Testwiederherstellungen

- Installation und Updates des Spam-Filters

- Spyware-Erkennung und -Entfernung

- Speicherplatzüberwachung für Workstations und Server

- Hardwareüberwachung zur Erkennung von Ausfallerscheinungen

- System-Tune-ups zur Erreichung der maximalen Geschwindigkeit

- **Der komplette Remote-Service für das entsprechende Gerät ("Flatrate")**

Die folgenden Dienstleistungen sind möglicherweise NICHT inbegriffen und werden oft separat in Rechnung gestellt. Dies ist nicht unbedingt ein Trick oder unethisch, es sei denn, das verwaltete IT-Dienstleistungsunternehmen versucht, diese Gebühren beim Verkauf eines Dienstleistungsvertrags an Sie zu verbergen. Prüfen Sie Ihren Vertrag sorgfältig, um zu wissen, was in ihm enthalten ist und was nicht!

- Hardware (neue Server, PCs, Laptops, etc.)
- Software-Lizenzen
- Unterstützung vor Ort
- Wiederherstellen aus Backups
- Einrichten von Arbeitsplätzen

Warnung! Grauzonen bei "All-Inclusive"-Serviceverträgen. Um die Kosten eines managed IT- Servicevertrags wirklich mit denen eines anderen vergleichen zu können, müssen Sie sicherstellen, dass Sie vollständig verstehen, was in diesem Vertrag enthalten ist und was nicht, sowie das damit verbundene Service Level Agreement (SLA).

Es ist sehr einfach für einen IT-Dienstleister, weitaus günstiger als ein anderer zu erscheinen, bis Sie sich genau ansehen, was Sie bekommen. Stellen Sie sicher, dass Sie diese Informationen schriftlich erhalten.

NOCH FRAGEN?

Ich hoffe, dass Sie diesen Leitfaden als hilfreich empfunden haben, um etwas Licht in die Sache zu bringen, worauf Sie bei der Beauftragung einer professionellen IT-Supportfirma achten müssen. Wie ich bereits in der Einleitung dieses Leitfadens erklärt habe, war mein Ziel, Ihnen mit diesen Informationen zu helfen, eine fundierte Entscheidung zu treffen.

Wenn wir Ihnen in irgendeiner Weise behilflich sein können oder wenn Sie mit uns sprechen möchten, um Ihre Fragen beantwortet zu bekommen, rufen Sie uns bitte unter 040-2841026-0 an. Ich bin auch per E-Mail unter jens.hagel@hagel-it.de erreichbar.

Ich freue mich auf Sie, Ihr Jens Hagel

www.ingramcontent.com/pod-product-compliance
Lightning Source LLC
Chambersburg PA
CBHW041949240526
45473CB00036B/2788